AF602784

SUR

LA QUESTION

S'IL EÛT ÉTÉ POSSIBLE DE PRÉVENIR

ET D'ABRÉGER

LA

GUERRE DE TRENTE ANS.

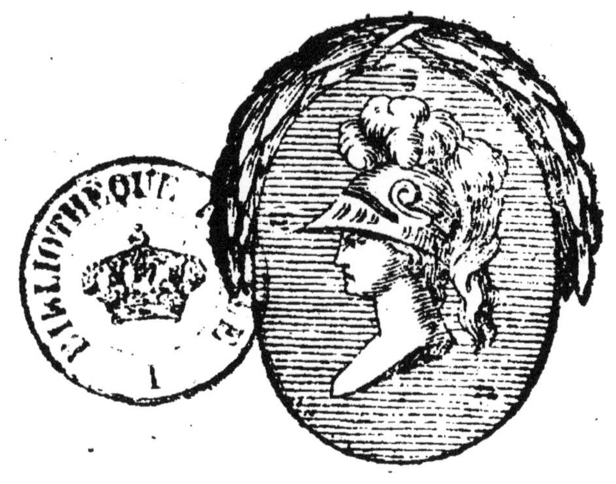

A BERLIN

CHEZ G. J. DECKER, IMPRIMEUR DU ROI.

1782.

Les événemens les plus remarquables du monde politique viennent des causes qui sont correspondantes avec l'universalité & la durée de ces faits publics. Pour expliquer les irrégularités des saisons, les agitations violentes de l'air, & les quantités incommensurables du froid & du chaud, il faut recourir à la considération du systeme de l'Univers, & l'on ne peut rendre raison des phénoménes les plus effrayans des passions publiques & nationales, sans que l'on fasse intervenir la forme & la constitution du corps social. Lorsque la combinaison des parties intégrantes d'un état est trop compliquée & pas assez resserrée, la puissance exécutrice se trouve destituée de la compétence des forces qui seroient nécessaires pour contenir l'indocilité & la roideur des efforts faits dans le dessein de dissoudre le lien national. Au milieu d'une grande nation où les forces sont trop reparties & où la vigueur du gouvernement ne les dirige plus vers un seul but, chaque fermentation ressemble aux mouvemens d'une atmosphere impregnée de mille diverses exhalaisons qui, après s'être émancipées de la loi de l'équilibre, s'entrechoquent si fort, que la rapidité & la violence de leur choc produit des ouragans des tempêtes & des foudres. Tel a été de tout temps & particuliérement vers le 17 siecle le corps germanique, cet assemblage diversifié d'états & de princes, dont le rapport n'a jamais cessé d'avoir une forme vague & indéterminée. L'histoire de cet empire n'est qu'un exposé de toutes les variations possibles par lesquelles le cours des événemens a fait passer ce systeme incertain & flottant. Cette incertitude est le resultat d'une infinité de collisions & de conflits que le gouvernement n'a jamais su lever. L'uniformité des mésures & des tendances n'est cependant pas moins nécessaire pour le succès des grands desseins que pour lever des masses d'un poids énorme. Comme plusieurs cables & cordages, destinés par leur tension à vaincre la plus grande resistance, sont sujets à s'entrelacer & à s'entortiller dès qu'ils n'obſervent plus la même direction, il arrive le même dérangement & la même complication des méſures publiques dans tous les cas, où au vrai intérêt national on ſubſtitue la duplicité & l'incohéſion des vues intéreſſées & partiales. Dans les ſiecles d'ignorance & de férocité qui ont précédé la malheureuſe guerre de trente ans, on fit éclorre & mûrir le germe de ces contrariétés & de ces revolutions, qui aliénerent les princes, désunirent les maiſons les plus illuſtres, & rendirent la communication reciproque auſſi difficile que doit être la navigation dans ces plages de l'océan, où il y a des courans qui vont en ſens oppoſé.

Il y a eu peu de grandes maiſons germaniques qui n'ayent fomenté le principe de ces diviſions. La maison de *Wittelsbach*, partagée dans la branche des Palatins du Rhin & dans celle des Ducs de Baviere, entretint & nourrit la haine la plus violente que se portoient réciproquement les chefs de ces deux branches. Cette animosité devint très envénimée sous le regne de l'Empereur Louis de Baviere qui fit perdre à l'Électeur son parent l'espoir dont celui-ci s'étoit flatté de succéder au dernier Duc de Landshut, en vertu d'un testament fait en faveur du Palatin. Les suites de cette brouillerie allerent si loin qu'elles mirent la maison Palatine à deux doigts de sa perte. Le chef de la branche ainée ne fut même redévable de son rétablissement qu'à la générosité de l'Empereur. Il n'y a rien de comparable au cœur ulcéré des princes, dont le ressentiment ne s'éteint jamais. L'Empereur Louis IV ayant été le défenſeur de l'indépendance du corps germanique contre la faction pontificale, celle-ci alluma l'ambition de Charles de Luxembourg, Roi de Boheme, qui ne rougit pas de prendre la qualité d'Anti-céſar, mais échoua contre un ſouverain reconnu pour légitime par tout le corps germanique. Après la mort de ce vaillant Empereur la face des affaires fut changée, & la puiſſance de Charles lui fit obtenir le ſceptre impérial de l'aveu de tous les états germaniques. Charles IV s'étant érigé en législateur de la Germanie, par la fameuſe bulle d'or, ce Prince fit éprouver à la maiſon de Baviere l'effet de ſon reſſentiment, par l'indiviſibilité de toutes les prérogatives électorales, accordées à la branche Palatine. Il en eſt des griefs & des prétentions d'une maiſon ſouveraine comme des décisions, des piéces & des titres d'un grand procès que l'on transmet d'une génération à l'autre. La maison de Baviere n'ayant pas perdu le souvenir du tort qu'elle prétendoit avoir souffert par le réglement de l'Empereur Charles IV, ce fut vers l'époque de la guerre de trente ans que l'inimitié entre les deux branches monta au plus haut point. Comme Frédéric V, Électeur Palatin, se mit à la tête des Protestans, par l'union signée à Ulm, Maximilien, Duc de Baviere, conclut avec les Catholiques la ligue de Wurzbourg. Ainsi ces deux maisons suivoient des maximes d'état dont la contrariété les faisoit agir en sens opposé. Dans les raisons éblouissantes qui déterminoient Frédéric d'accepter la couronne de Bohéme le désir d'en imposer au Prince Bavarois influoit en grande partie, & Maximilien pressentant les mauvais effets de ce voisinage dangereux ne balançoit plus de conclure l'alliance la plus étroite avec la maison d'Autriche. Ces actes de défiance ayant produit la plus grande aigreur, il auroit été impossible de prévenir la guerre qui devint même inévitable, parceque le parti catholique & le parti protestant, également intéressés dans cette querelle, ne negligerent rien pour parvenir à savoir au juste laquelle de ces deux branches auroit la préponderance. Comme le Duc de Baviere avoit beaucoup plus de pénétration que le nouvel Électeur Roi, Maximilien prévit le grand avantage qui résulteroit pour sa maison de l'abbaissement de la branche Palatine. Son espoir ne fut pas frustré, & il donna de si puissans secours à l'Empereur, que Ferdinand, pour complaire au Duc, ſe vit obligé de proſcrire le Palatin & de transférer ſur la maiſon de Baviere toutes les immunités électorales. Cette perſpective ayant été le grand mobile des méſures vigoureuſes que prit le Duc Maximilien, ce Prince fut fermement réſolu de rejetter chaque ouverture d'accommodement, dont les articles ne conviendroient pas avec le plan qu'il avoit formé de changer l'article de la bulle d'or qui avoit été le plus préjudiciable à ſa maiſon. Comme le mal fait à ſes ancêtres vint d'un Empereur & Roi de Bohéme, l'adreſſe du Duc de Baviere fut telle, que dans une combinaiſon de circonſtances favorables à ſes prétentions, il aida un autre Empereur à reconquerir la Bohéme, pour faire regagner à ſa maiſon la ſupériorité qu'elle avoit eue ſous l'Empereur Louis IV.

Malgré ces puiſſans efforts faits dans le deſſein de ſe ſupplanter & de ſe perdre, il n'en eſt pas des prérogatives héréditaires des maiſons illuſtres qui compoſent un corps confédératif & national, comme des prétentions reciproques des ſouverains abſolus, parceque ceux-ci ſont les maitres de faire des ceſſions & des translations, au lieu que les premiers ne peuvent jamais être regardés comme autoriſés de déroger à leurs droits. C'eſt que les Princes Germaniques ſe trouvent dans le cas des anciens Sénateurs romains, dont l'exiſtence politique ne pouvoit être détruite que par l'abolition du Sénat, & tant que l'Empire Germanique ſubſiſte encore, il eſt impoſſible que les priviléges des anciennes maiſons princieres puiſſent ſouffrir la moindre diminution. Chaque atteinte donnée à une constitution si favorable aux intérêts & aux prérogatives de ses principaux membres se fait ressentir à tout le corps national, & lui doit causer les allarmes les plus inquiétantes. Si l'horreur du vuide est une chimere en sens physique, cette appréhension est très réelle, lorsqu'il s'agit d'une place que la violence a fait vacquer dans une assemblée de Princes unis par des liens de constitution & d'intérêt commun. À l'occasion du ban impérial lancé contre l'Électeur Frédéric V, tout l'Empire fut en feu, & le corps Germanique auroit été dissolu, si l'on n'eût rétabli la maison Palatine.

La même fermentation avoit été occasionnée, par les différends qui s'étoient élevés entre la branche Ernestine & la branche Albertine de la maison de Saxe. Celle-ci ayant été ſubſtituée à la branche ainée, par la jonction des forces du vaillant Maurice avec celles de Charles V, l'intérêt de la nouvelle maiſou électorale de Saxe fut d'adhérer à l'Autriche. C'eſt pourquoi Jean George I, qui regnoit du temps de Ferdinand II, fit cauſe commune avec l'Empereur, & ordonna à ſes troupes de marcher contre le nouveau Roi de Bohéme, au lieu que le Duc Bernard de Saxe-Weimar, qui deſcendoit de l'Électeur proſcrit & dépoſé Jean Frédéric le Magnanime, ſe déclara en faveur de la maiſon Palatine. Car ces ſortes de maximes ſurannées, & qui ont obtenu le droit de préſcription, ſont auſſi invariables que l'origine & le cours des fleuves, dont on ne peut changer la direction qu'en partie & par des cauſes purement acceſſoires.

Le ſujet de la guerre de trente ans ne fut pas ſeulement acheminé par les conflits qui exiſtoient dans les maiſons électorales, mais il y eut des colliſions ſemblables entre les deux branches de la maiſon d'Autriche, iſſues de l'Empereur Maximilien ſecond, & de ſon frere puiné Charles Duc de Stirie, fils de l'Empereur Ferdinand I. Maximilien II, Prince ſage, modéré & tolérant fut dans l'idée, que la liberté de conſcience étoit de droit divin, & qu'elle s'accordoit en même temps avec le meilleur plan d'adminiſtration publique. Son fils & ſucceſſeur, Rodolphe II, joignit à un caractere roide, hautain & impérieux un gout invincible pour tout ce qui étoit du reſſort des ſciences exactes & des arts mécaniques. La curioſité indéfinie de ce Prince ayant abſorbé l'activité

& l'énergie de son ame, le dégoût qu'il eut pour les affaires le jetta dans l'indolence, & cette indolence, favorisée par la présomtion, fit oublier à l'Empereur le dédain dont il avoit accablé son frere, l'Archiduc Matthias, Prince borné, irrésolu, & dont l'inquiétude ne faisoit point d'ombrage à Rodolphe. La loi de la nécessité, qui fait plier les princes les plus absolus, ayant obligé l'Empereur de tirer de l'obscurité l'Archiduc, & de le revêtir des offices les plus importans, celui-ci se souvenant de l'humiliation qu'il avoit essuyé auparavant, porta son ressentiment jusqu'à se mettre en état de dépouiller l'Empereur de ses provinces héréditaires. Rodolphe voyant les dispositions ennemies de Matthias, combla l'espoir des Protestans de Boheme, par les privileges les plus amples

amples qui leur furent accordés dans la lettre de Majeſté ; mais Matthias s'étant muni de l'aſſiſtance des Hongrois, des Autrichiens & des Moraves, auxquels il ne promettoit pas moins que ſon frere, l'emporta ſur le chef de ſa maiſon. L'Archiduc ne parvint cependant à ſon but que par l'aſſiſtance de la faction Eſpagnole, qui ſecondoit tous les deſſeins de la branche de Stirie. Ferdinand, Chef de cette branche fut déclaré Succeſſeur de Matthias, qui vit trop tard & avec le plus grand regret, que ſon autorité tout à fait précaire ne pouvoit ſe maintenir que par la condeſcendance la plus forcée & telle que l'adreſſe du Cardinal Cleſel, premier miniſtre de l'Empereur, n'en put pas ſuſpendre & faire ceſſer les effets nuiſibles. Matthias eut enfin le même ſort qu'il avoit fait ſubir à ſon frere Rodolphe, puiſqu'il fut ſubjugué à ſon tour.

Ainſi un ſyſteme de tolérance, adopté par trois Empereurs, & un ſyſtéme d'intolérance, ſuivi par deux Archiducs, furent ſi oppoſés, qu'il n'y eut aucun moyen d'établir une voye conciliatrice, entre deux plans de Gouvernement, qui ſe ſuccédoient de trop près & qu'on faiſoit valoir dans le même pays. Le zèle religieux de Ferdinand II, ne reſſembloit pas, au buiſſon ardent de Moyſe, qui, ſans s'embraſer & ſe conſumer, en jettant des flammes dévorantes, ne faiſoit que repandre l'éclat d'une lumiere céleſte. Ce Prince élévé par les Jéſuites, qui avoient été tout puiſſants, ſous le regne de l'Archiduc Charles, ſon pere, fut dans l'idée, que le meilleur uſage, qu'il pouvoit faire de ſon autorité devoit ſe reduire à terraſſer les ennemis de la religion & de l'église. A l'exemple des maximes que ſuivoit la ſociété, qui ſe croyoit établie pour étendre les droits de la Hierarchie Romaine, auſſi loin qu'ils pouvoient aller, l'Empereur ſe mit à pourſuivre le même deſſein, & ſans être effrayé d'un incendie qui embraſeroit toutes les provinces annexées à la Couronne de Bohéme, Ferdinand ne ſe conduiſit pas autrement ſur le trône, que s'il eût eu la ſeule vocation d'extirper l'héréſie & de rétablir la catholicité. Enviſageant l'ordre des Jéſuites, comme le pilier de l'égliſe, & le palais du Général de cet ordre, comme la colonne milliaire, ſituée au centre de l'ancienne domination romaine, & à laquelle devoient aboutir tous les grands chemins de l'Empire, il conforma les maximes de ſon regne à ce plan religieux, qui l'avoit tant ébloui. Il eſt cependant fort aiſé de ſe tromper par rapport à la pureté & à l'innocence des motifs tirés de la dévotion. Car il en eſt de l'ardeur de la vraye piété, comme du feu élémentaire, qui, à cauſe de ſa pureté originaire n'affecte & n'ébranle pas aſſez nos ſens groſſiers. Il y a autant de différence, entre le vrai amour de Dieu ou la charité univerſelle, & la paſſion malfaiſante d'un fanatique forcené, qu'il ſe trouve de diverſité entre le feu primitif, qui eſt la ſource de la vie, & le fracas des flammes déſtructrices.

Un Empereur, dont l'eſprit étoit monté ſur l'enthouſiaſme le plus exalté, ne fut gueres propre à inſpirer & à ſuivre des ſentimens de modération. N'employant que le fer, & portant des coups ſemblables à ceux avec lesquels on frappe les cailloux, il en ſortit des étincelles, qui, entretenues & groſſies par les paſſions les plus orageuſes, ſe répandirent ſur toute la Germanie. On a toujours obſervé, que la dévotion, lorsqu'elle eſt devenue une affaire d'intérêt & de parti, contracte des propriétés très différentes de ſon vrai principe, & qu'elle produit des effets pas moins nuiſibles que ſont ceux d'un air, devenu tout à fait méphitique, pour avoir circulé dans les poumons d'un grand nombre de perſonnes enfermées. Après que les opinions religieuſes obtiennent une fois la deſtination de ſervir de tocſin & de cri de guerre, leur moralité s'évanouit au point, qu'à l'exemple des croiſés, qui s'encouragoient aux actes de l'inhumanité la plus atroce, en s'écriant: *Dieu le veut*, on s'efforce de rendre complice de ſes forfaits, non ſeulement la religion, mais Dieu lui-même. Par l'effet de la ſenſibilité & de la loi du talion, ce zèle impétueux ſe communiqua aux trois confeſſions, établies ſur les terres de l'Empire, & dont les maximes reſſembloient à ces croix électriſées des clochers, qui attirent la foudre & cauſent des incendies inextinguibles.

La cupidité & l'eſprit d'intérêt particulier ſe mit à diviſer les catholiques & les proteſtans, tandis que l'ambition & la jalouſie déſuniſſoient les luthériens & les reformés.

L'égliſe Germanique, fondée par les conquerans Carlovingiens, & richement dotée par les Empereurs de la maiſon de Saxe, acquit tant de privilèges & de poſſeſſions, qu'elle ſe mit en parité avec l'ordre des laics, & leur diſputa même la ſupériorité. Mais comme l'ignorance & la ſuperſtition étoient les gardiens & les ſeuls garans de l'opulence du haut clergé, les reformateurs, après avoir diſſipé les nuages qui couvroient le ſanctuaire, eurent enfin le bonheur d'établir des maximes d'équité & de bien public, qui furent extrémement goûtées: Ce ne ſont que les premiers coups de hache, portés aux arbres antiques d'un boccage ſacré, qui font friſſoner, puisque l'homme, revenu de la frayeur que lui inſpire une démarche hardie, ne craint pas d'aller plus loin. La cupidité étant une fois excitée, les catholiques, pour empêcher la ſécülariſation de preſque tous les bénéfices eccléſiaſtiques de la Germanie, ſe mirent à inſerer un article, dans la paix d'Augsbourg, qui portoit, que tout Évêque, Abbé & Prieur, qui ſe feroit proteſtant, perdroit les honneurs & les revenus de ſon office, qui devoient retomber aux Chapitres, & aux Communautés. Ce fameux reſervat catholique, qui devoit arrêter & contenir l'avidité des Princes & des États, ne fut pas toujours un obſtacle inſurmontable. Des transgreſſions fréquentes de cette loi eccléſiaſtique, & du peu de reſpect qu'on eut en pluſieurs endroits pour ce Palladium de la catholicité, on vit reſulter une infinité d'accuſations & de griefs. Si les uns paſſoient pour des ſacrilèges, on ſe recrioit de l'autre côté ſur l'ignorance, la fainéantiſe & la corruption du clergé. Comme on ne convenoit, ni ſur les titres de ces poſſeſſions, ni ſur leur vraye deſtination, on en vint à une ſciſſion, qui tendoit d'un côté à une entiere reſtitution, & de l'autre à une ſécularisation univerſelle. On fut ſi peu d'accord, que, tandis qu'on regardoit de la part des catholiques les biens de l'églife, comme des reliques & des vafes facrés, auxquels il ne falloit pas toucher, les Proteftans n'apprécioient ces riches tréfors que fur l'échelle de leur vraye utilité, & de l'intérêt public. Cette contrariété des opinions & des fentimens occafionna des troubles, entraîna les plus grands défordres, & fervit le plus à prolonger la guerre.

La Hierarchie Romaine ayant été une fois entamée, chacun fuivit les lumieres de fa confcience. La liberté qu'on s'arrogoit d'examiner & de difcuter la doctrine dominante de l'églife, fit naître divers fyftémes, dont les principaux furent ceux de Luther & de Calvin. Les Électeurs Palatins Frédéric III, Frédéric IV, & Frédéric V, pere, fils & petit-fils, établirent le calvinifme, & agirent par rapport à cette doctrine, comme les Électeurs de Saxe, Frédéric le Sage, Jean le Constant, & Jean Frédéric, avoient agi à l'égard des opinions de Luther. La doctrine du dernier ayant obtenu une autorisation publique, on ne fit dabord que tolérer les sentimens des réformés. Les Électeurs Palatins, comme ils aspiroient à la qualité de Chefs du parti protestant, ils s'attirerent la jalousie des Électeurs de Saxe, qui prétendoient être les seuls directeurs du corps évangélique. Frédéric V, ayant passé jusqu'à faire des confédérations, Jean George I, Électeur de Saxe, ne fut pas fâché de voir la fausse démarche, que fit la France, sous le ministere du Connétable de Luynes, qui prêta ses bons offices à la maison d'Autriche, pour dissiper & anéantir l'union d'Ulm, faite sous l'autorité de l'Electeur Palatin. Le Prince Saxon voyant alors, ſon rival, privé de l'aſſiſtance que devoient lui donner les princes confédérés, n'héſita plus d'accorder des troupes à l'Empereur, & contribua de ſon côté à ce que le Palatin fût accablé. Tant les intérêts de rang, d'office, & de dignité ont de la force & de l'influence, dans les deſſeins & dans les démarches des princes.

Cette conſidération, jointe à pluſieurs autres, auroit dû détourner l'Électeur Palatin de l'acceptation de la couronne de Bohéme. En conſidérant le caractere féroce, turbulent & impétueux des Bohémiens de ſon parti, la violence & l'illégalité de leur début lui auroit dû donner les appréhenſions les plus ſiniſtres. La ſaine politique lui devoit apprendre en même tems, qu'une couronne, qui avoit été si long-tems héréditaire, ne pouvoit devenir élective, que dans une combinaison de circonstances extrêmement favorables. Les protestans de Bohéme, n'ayant pas alors la valeur & les ressources que possédoient autrefois les Hussites, qui surent maintenir sur le trone George Podiebrad, l'Électeur ne fut nullement fondé d'espérer la fortune & les succès de ce Roi Bohémien. Environné d'ennemis, & n'ayant d'autre allié que le Prince transylvain, qui n'étoit qu'un puissant Chef de parti, l'Électeur auroit dû réfléchir, sur l'instabilité des mésures, que prend un Prince dont la qualité ressemble si fort à celle de Démagogue, & qui, pressé de tous côtés, ne cherche qu'à faire une diversion favorable à ses intérêts particuliers. Si l'Électeur Palatin, avant de se déterminer, eût jetté un regard tant ſoit peu attentif ſur l'empire turc, il y auroit remarqué une agitation aſſez forte, pour empêcher les Sultans de faire une invaſion en Hongrie. On ne put attendre aucun ſecours d'Oſman II, privé de l'empire & étranglé, de ſon oncle Muſtapha I, déposé à cauſe de ſa ſtupidité, & d'Amourath IV, Prince jeune, inexpérimenté encore & occupé dans la ſuite du deſſein de porter la guerre en Perſe, pour reconquerir les provinces, enlévées à l'empire ottoman, par Schah Abbas I, le plus grand Monarque Perſan, de la dynaſtie des Sophis. Le Prince Palatin ne put pas plus compter, ſur ſon beau pere, Jaques I, Roi d'Angleterre, brouillé avec ſon parlement, & amuſé par l'Eſpagne. Comme la trêve entre les États généraux & l'Eſpagne alloit finir, & qu'on ſe préparoit à la guerre de part & d'autre, il auroit aisément pû prévoir, que le bas Palatinat ne seroit pas en sûreté. Mais qu'est ce que produisent des considérations publiques, lorsqu'on est asservi à l'empire des passions? L'Électeur, assailli, par l'espoir & la crainte, l'ambition & la cupidité, le ressentiment & la jalousie, le zèle religieux & l'intérêt personnel, ne put pas resister à tant des motifs qui se prétoient une force reciproque. Dans un de ces momens où l'illusion est devenue irresistible, Frédéric engagea sa parole, & ne fut plus le maître de se retracter. Si par rapport à la difficulté de l'entreprise, il fut dans le cas de César, lorsque ce grand Capitaine eût à passer le Rubicon, le Prince Germanique, ayant une fois franchi les limites du haut Palatinat & de la Bohéme, n'agit pas avec la prudence

& la valeur que mit en œuvre le Triumvir Romain, après que celui-ci n'eût tenu aucun compte du caractere sacré & inviolable de l'ancien domaine de la République.

Le ſort étant ainſi jetté, & l'Allemagne ſe trouvant dans le cas d'une place aſſiégée, pour l'aſſaut général de laquelle on a fait tous les préparatifs, le ſignal de l'attaque ſe donna en Bohéme. L'éruption de tant de matieres inflammables ſe fit ſur le Weiſſenberg près de Prague, qui, par la défaite des troupes Palatines, devint un Volcan, duquel ſe précipiterent des torrens de feu. Jamais il n'y eut des laves brûlantes dont le cours fut plus rapide, plus univerſel & plus déſtructeur. Tous les eſprits étant dans la plus grande efferveſcence, la ſecouſſe donnée aux Proteſtans de Bohéme, ſe fit ſentir jusqu'aux extrémités de la Germanie, & l'on fut dans une anxiété semblable à celle des habitans d'une grande ville, mal bâtie & encore plus mal policée, qu'un violent incendie ménace d'une entiere déstruction. Des débris de l'armée Palatine se formerent plusieurs corps d'armée, & le sol Germanique ne fut plus qu'un vaste champ de Mars. À considérer l'acharnement, la rage & les fureurs de la discorde civile, l'image pittoresque des dents meutrieres, du monstre de la Colchide, qui, jettées sur une plaine d'airain, se métamorphosoient en autant de milliers d'hommes armés de toutes pieces, ne parut pas être une fiction. Chaque homme capable de porter les armes se crut autorisé d'en faire usage, & les militaires les plus audacieux s'érigerent en Chefs de troupes. Le Comte de Thurn,

Thurn, ce boutefeu de la Boheme, ne ſe laiſſa pas intimider, & continua de remuer. Mansfeld, ce favori de Bellone, voulut courir de nouveaux hazards, & donna de violens exercices à l'ennemi. Le Duc de Jaegerndorff, ce pilier du Proteſtantiſme en Siléſie, ne conſulta que ſon courage, & s'en ſervit pour relever l'eſpoir des eſprits abattus. L'intrépide Chrétien de Brunswic, Adminiſtrateur de Halberſtadt, alluma ſon zele au foyer de l'enthouſiaſme militaire, & ayant ceint une épée, tirée du ſanctuaire, il en uſa, comme s'il eût eu l'office de l'ange exterminateur. Le Margrave de Bade-Dourlac, marchant ſur les traces de l'ancienne chevalerie, ſe déclara le champion de la reine de Bohéme, & parut ſur l'horiſon Germanique, comme un de ces météores, qui, après avoir répandu l'épouvante, disparoissent entierement. Tous ces corps séparés ayant été dissipés, comme l'on s'empare d'une chaine de redoutes qui n'ont aucune communication directe, on fit enfin une confédération, & le cercle de la basse Saxe s'unit sous les ordres de Chrétien IV, Roi de Dannemarc, qui par ses défaites ne fit qu'aggraver les maux de la Germanie.

L'animosité étant égale de part & d'autre, les exploits fortunés de l'ennemi lui servirent à former les plus grands Capitains. Maximilien de Baviere, Buquoy, Tilly, Wallenstein, Piccolomini, Pappenheim, Altringer & Jean de Werth, s'illustrerent aux dépens de la félicité publique. Comme l'Empereur n'etoit pas plus belliqueux que son ennemi Fréderic V, ces deux Princes furent obligés de laiſſer une autorité ſans bornes à ceux qui, avec des armées mal payées & encore plus mal diſcipli- nées, devoient exécuter les plus grands deſſeins. Le démon de l'orgueil & de l'ambition la plus démeſurée ayant paſſé dans l'ame féroce & envénimée des Capitaines, Maximilien de Baviere, exigea du Chef de l'Empire, qu'il violât en ſa faveur les loix fondamentales de l'État, & fît d'un différend particulier un intérêt de toute la nation. Pour dédommager le Duc de Baviere de ſes fraix de guerre, il fallut faire un acte du deſpotiſme le plus abſolu. Tilly, Gentilhomme Liegeois & Général de Maximilien, eut les pouvoirs les plus étendus, en vertu desquels il put agir, comme les Capitaines de Philippe & d'Alexandre avoient autrefois agi en Grece. Le ſac de Magdebourg eut cela de commun avec celui de Thebes, que de part & d'autre on vouloit intimider une nation originairement libre, & l'accoutumer à ne plus s'impatienter de ses fers. Que dirai-je de Wallenstein, un de ces hommes altiers, audacieux & impénétrables, qui ne paroissent sur la scene du monde, que pour le malheur du genre humain! Jamais les Surénas, parmi les Parthes, & les Préfets du Prétoire, parmi les Romains, ne se firent valoir comme fit ce Boheme, qui, après avoir succé toute la substance de la Germanie, étala un faste royal, tint toute la nation enchaînée, excita un cri d'indignation universelle, & resta impuni. Dans ce siecle de fer, la force décida de la justice, & l'Empereur lui-même se laissant subjuguer par la loi impitoyable de l'intérêt ambitieux, jetta le déſeſpoir dans le cœur des opprimés, & cauſa les allarmes les plus cruelles aux amis & aux cliens qui lui reſtoient encore. L'édit de la reſtitution, ce trophée du Fanatiſme le plus deſpotique & le plus outré, qui tendoit à anéantir les effets ſalutaires de la liberté & de la réforme, fut le comble du paradoxe & de l'eſprit de vertige.

Cet état violent ne pouvant pas avoir de la durée, l'excès du mal produiſit une revolution, qui tiroit ſon origine des diviſions du Nord. Guſtave I, fils d'Éric Waſa, fut le fondateur de la fortune immenſe que fit ſa maiſon, qui obtint la poſſeſſion héréditaire du trône de Suede. Pour rendre la ſucceſſion moins ſujette à varier, & pour refréner l'ambition des premieres familles du pays, Guſtave partagea le Royaume entre ſes quatre fils, qui ſe mirent à occuper tous les domaines de la couronne. Ce partage génant beaucoup le Roi Éric XIV, fils aîné & ſucceſſeur de Guſtave I, ce jeune Roi de Suede, regarda les principautés, obtenues par ſes freres, comme l'on enviſage les ſaignées, qu'on fait à un grand fleuve, qui cauſent un tort infini au libre cours de la navigation, & à celui, qui a droit d'en profiter. Les imprudences & les fautes du Roi Éric, l'ayant fait ſuccomber aux ménées & aux artifices de ſon frere, Jean, Duc de Finnlande, ce Prince détrôna ſon frere aîné, & pour s'appuyer davantage, obtint la couronne de Pologne, pour ſon fils, Sigismond, iſſu de Catherine, héritiere de la maiſon Royale des Jagellons. Comme la Livonie étoit alors le ſujet de la plus vive conteſtation, entre les Suedois & les Polonois, on crut de la part des premiers, que leurs maximes d'état étoient incompatibles avec les vues de leurs ennemis, & qu'un Prince, qui réuniroit, dans ſa perſonne, les droits de ces deux États, ne ménageroit pas les intérêts de ſon royaume héréditaire, avec la même vigueur, qu'il ſeroit obligé de mettre au maintien des droits d'une couronne élective. Il eſt en effet pas moins difficile de concilier & de combiner, deux intérêts différens & oppoſés, que de vouloir tenter la transmutation des métaux, dont l'un doit néceſſairement ceſſer d'être ce qu'il a été auparavant. Quand un Prince ne poſſede la couronne qu'à titre d'élection, il eſt obligé d'avoir beaucoup plus de condeſcendance, qu'un ſouverain héréditaire. La Suede, craignant donc, que Sigismond ne fût trop partial, en faveur des Polonois, pencha du côté de Charles, Duc de Sudermannie, Pere de Guſtave Adolphe, qui fit perdre à ſon neveu la poſſeſſion du royaume de Suede. Sigismond aſſiſté, par l'Empereur, ne négligea rien pour revendiquer ſes droits héréditaires. Mais, Guſtave Adolphe, ayant chaſſé les Polonois de la Livonie, & s'étant avancé dans la Pruſſe, où ſes armes victorieuſes avoient forcé, ſon couſin & ſon rival, de conclure une tréve, le héros du Nord ſe propoſa de paſſer ſur les terres de l'Empire, pour prouver à Ferdinand, qu'il n'étoit pas ſeulement le vrai Roi de Suede, par le ſuffrage de la nation, mais qu'il ne l'étoit pas moins, par la loi du plus fort.

Un pays déchiré, par des guerres inteſtines, & dans lequel un des principaux partis eſt ſur le point de ſuccomber, offre une perſpective des plus favorables, à un Prince, qui ſait faire valoir les qualités impoſantes de médiateur, de chef & de puiſſant allié. Le caractere perſonnel de Guſtave, fut très propre à favoriſer l'exécution de ſes grands deſſeins. Doué de cet héroiſme, qui ſubjugue l'eſprit, par l'étonnement, qu'il fait naitre, Guſtave ſut tempérer l'éclat de ſes qualités guerrieres, par des ſentimens de modération, de piété & de juſtice, qui lui gagnerent tous les cœurs. Mais, les Électeurs de Saxe & de Brandebourg, qui appréhendoient la ſupériorité des forces du Roi de Suede, & qui ne vouloient pas ſe remettre à la protection d'un Prince étranger, ne furent pas d'accord, avec les ſentimens du vulgaire, ſuſpendirent l'aſſociation ſuedoiſe, auſſi long-tems, qu'il leur fut possible, & attendirent, jusqu'à ce que la loi de la nécessité les eût forcés de recourir à une assistance, qui, en les exposant au danger de perdre la direction des affaires publiques, leur paroissoit très suspecte. Obligés de céder à l'ascendant, que le Monarque Suedois avoit obtenu sur l'esprit des Germains, Gustave sut profiter de l'état de détresse, dans lequel se trouvoient les Princes, & après avoir renversé l'édifice de la grandeur impériale, bâti, sur tant de victoires, le vainqueur se livra à son enthousiasme, & s'en servit pour entraîner la plus grande partie de la Germanie. L'Empereur n'ayant plus de troupes à opposer aux armées victorieuses des Suedois, fut le spectateur, du changement le plus inoui. La premiere bataille de Leipsic, n'auroit pas pu opérer ce prodige, si Gustave n'eût obtenu un empire absolu sur l'esprit de tous les Protestans d'Allemagne. Cet empire, fondé, sur la persuasion, plûtôt que sur le numeraire des forces, fit gagner à Gustave, une influence semblable à celle, que la colonne de feu, qui précédoit l'armée des Israëlites, produisit, lors de leur sortie de la servitude d'Égypte. Comme la piété, de ces conducteurs religieux, paroissoit être le reflêt de la religion même, leurs protégés crurent être, sous l'égide de la Providence, & l'opinion, attachée à la fortune de ces hommes extraordinaires, leur valut, autant que la puissance, l'autorité, l'opulence, & le crédit public.

L'Empereur, ne croyant pas ses affaires tout à fait désespérées, parceque le torrent des victoires Suedoiſes avoit épargné, les états héréditaires de la maiſon d'Autriche, imita la conduite des Romains, qui, preſſés par leurs ennemis, paſſerent à l'élection d'un Dictateur. On offrit, la Dictature, à ce même Wallenſtein, qui avoit été démis du commandement. Ce miſanthrope, dévoré d'ambition, & dont l'ame étoit agitée par les fureurs des Eumenides, n'accepta, le commandement abſolu, qu'à condition d'être le ſouverain arbitre de toutes les opérations militaires. Ouvrant alors ſes tréſors, & appellant les officiers, qui étoient reſtés à demi paye, il n'eut point de difficulté, de faire des lévées, dans un pays dévaſté, & où l'on n'avoit laiſſé aux cultivateurs d'autre parti à prendre, que celui des armes. Avec une armée, qu'il pouvoit regarder comme la ſienne, il balança la for-

lança la fortune de Guſtave, le tint en échec près de Nurnberg, & l'obligea de voler au ſecours de la Saxe, où le fil des jours glorieux, du conquerant Suedois, ayant été tranché près de Lutzen, Wallenſtein ſe replia ſur la Bohéme, qu'il auroit ſoumiſe à ſes loix, ſi l'armée proteſtante l'eût joint à temps. L'Empereur, à peine échappé, du danger de perdre une ſeconde fois la Bohéme, prit des méſures plus ſages, & confia le commandement de l'armée, à ſon fils, Ferdinand, Roi des Romains. Celui-ci étant ſécondé, par l'Infant d'Eſpagne, ces deux Princes Autrichiens ſe ſignalerent, près de Nordlingue, par une victoire, qui fit reculer les Suedois jusqu'en Poméranie, qui accéléra la défection de l'Électeur de Saxe, & rendit, à l'Empereur, la ſupériorité, dans toute la haute Allemagne.

Le Cardinal de Richelieu, ce génie tutélaire de la France, qui, ſans avoir l'eſprit créateur de Pierre, & la transcendance du héroiſme de Frédéric, n'en fut pas moins l'ame & le moteur du monde politique; Richelieu, dis-je, auquel les grands ſuccès de Guſtave avoient fait un violent ombrage, ne tarda plus, de tendre une main ſécourable, à la Suede, & ſe déclara en faveur d'une puiſſance, qui avoit beſoin d'être aſſiſtée. La maiſon d'Autriche, ayant alors à combattre, deux ennemis également aguerris, elle ne put réſiſter à leurs efforts réunis, & une ſuite non interrompue de victoires, remportées par ces deux nations confédérées, diſpoſa enfin, l'Empereur Ferdinand III, à écouter des propoſitions d'accommodement & de paix.

Pendant que l'Empire ſe trouvoit, dans ce déſordre épouvantable, le chaos, qui avoit été introduit, par la licence militaire & civile, favoriſa les deſſeins ambitieux de tant de militaires, qui n'étoient plus contenus par les loix. Dans aucune guerre, on vit des entrepriſes plus hardies, & jamais la témérité fut portée plus loin. Des particuliers, oſoient convoiter des couronnes. Des princes, qui n'avoient pour appanage que leur épée, formerent des principautés, & s'éléverent au rang de ſouverains. Un Chancelier Suedois, oſa dicter des loix, à l'aſſemblée des Électeurs, des Princes & des États. On vit, un Général du Nord, ſe préſenter à la vue de Ratisbonne, & braver l'Empereur & la diéte de l'Empire. Un boulet de canon, qui enleva le Général victorieux de l'armée impériale, dans la feconde bataille de Nordlingue, arracha, la victoire, avec tous les avantages, qu'on en devoit attendre, au parti catholique, qui triomphoit déja. La furprife & le pillage de Prague, fut enfin un événement tout à fait imprévu, & auquel l'Empereur n'étoit nullement préparé. Cette difpofition violente des Efprits fit continuer les diffenfions inteftines, dont chacun attendit fa fortune. Le hazard, ayant fi fouvent décidé du fuccès, on fe remit plus d'une fois à la décifion du fort, & la rage de tenter les avantures les plus téméraires, ne s'empara pas moins, de tous les efprits, que la paffion pour les jeux de hazard, ne s'empare, de l'efprit d'un joueur de profeffion. Les écoles militaires les plus célébres, fourniffant alors, une infinité de Capitaines,

nes, chacun s'empressa de marcher sur les traces des Gustave, des Weimar, des Bannier, des Condé, des Torstenson, des Wrangel, des Mercy & des Turenne. Le germe de l'ambition la plus étendue ne poussa & ne produisit jamais tant de rejettons, que dans ce tems de troubles & d'anarchie. Si l'amour propre doit être regardé comme la bile, qui se communique à tous les sucs nourriciers de notre corps, & qui, extravasée, le fait dépérir, il faut dire, que la présomption, ce principe extrémement actif, se répandit alors au point de causer au Corps germanique des maux d'autant moins supportables, qu'ils furent entretenus par une férocité plus indisciplinable.

Cette position désastreuse des affaires & des intérets du Corps germanique, mit de grands obstacles au deſſein, qu'on avoit conçu de terminer des différends, qui alloient preſqu'à l'infini. Car l'Allemagne ne reſſembloit plus à un pays, dont il y a moyen de reconnoître & de diſtinguer les divers diſtricts. Le fléau de la guerre, ayant parcouru toutes les provinces germaniques, il les avoit déſolées, comme font les inondations cauſées par la crue ſubite des plus grands fleuves. Comme ils enlevent aux uns ce qu'ils ajoutent aux autres, après tant de viciſſitudines & de criſes, on ne reconnoit plus les anciennes limites. Il en fallut donc venir à une autre repartition des provinces & des domaines, dont les bornes devoient être de nouveau déterminées. Ce qui fut équivalent au ſoin de créer, de rétablir & de reproduire un état policé. Le mal étoit encore, qu'après ce déluge des maux publics, il n'étoit pas resté un limon fertiliseur, comme sur le sol d'Égypte, mais on ne voyoit partout qu'une marre, qui annonçoit une dévastation totale. L'Empire germanique eut de plus un inconvenient, qui lui étoit propre, & qui provenoit de la forme extrêmement compliquée de sa constitution. Ce fut, comme s'il eut fallu remonter & réintégrer la machine la plus composée, qui eût jamais existé. Comme son mouvement uniforme devoit être des mieux reglés, & que la continuité réguliere de ce mouvement ne pouvoit être produite, que par les secours combinés des plus grands génies, leurs délibérations, sur des affaires & des intérêts, dont la réunion étoit très difficile, demandoient une attention soutenue bien long-tems. Dans le congrés de Munſter & d'Oſnabruck, on vit les plus habiles négociateurs de tous les états européens, dont chacun tenant un fil particulier des délibérations publiques, étoit obligé de ſuivre ce fil, qui lui devoit ſervir de guide & le conduire, par les détours de la politique la plus tortueuſe & la plus fine. Malgré tout ce que la négociation de chacun avoit de particulier & d'individuel, par l'art, avec lequel on viſoit au ſuccès de ſes propres deſſeins, l'ouvrage de la paix ne pouvoit être conſommé, à moins que ces profonds politiques ne s'accordaſſent ſur tous les points, & qu'ils n'atteigniſſent le même but. Ce qui ne contenoit pas moins de difficultés, que ſi pluſieurs perſonnes, poſtées aux diverſes iſſues d'un vaſte labyrinte, étoient tenues de ſe rencontrer au centre de ce dédale ténébreux. Si l'on conſidere enfin, qu'il s'agiſſoit de rappeller la juſtice & la confiance, qui avoient été bannies d'une terre malheureuſe & épuiſée, qu'il étoit queſtion d'abolir & de détruire une infinité de monumens de tyrannie & d'iniquité, & qu'on devoit être muni d'aſſez grandes forces, pour fermer le temple de Janus, gardé, par de grandes armées, intéreſſées, par le déſir de lever de fortes contributions, à ce que ce temple reſtât ouvert, & qu'on n'y reſpectât, que l'image du Dieu Mars, il n'y a pas lieu d'être ſurpris de la durée des négociations, faites dans la vue de terminer une guerre plus longue que celle du Péloponnèſe, & qui, par la complication de ſes divers incidens, porta les playes les plus douloureuſes au genre humain.

NOTES HISTORIQUES,

sur le mémoire, qui traite de la question: S'il eût été possible de prévenir & d'abréger la guerre de trente ans.

Pag. 5, Ligne 1. *Tel a été de tout temps &c.* L'empire Germanique a été un assemblage *diversifié*, d'états & de Princes, parceque les parties qui composoient le corps national étoient trés inégales en autorité, en influence & en force. Cette inégalité a résulté du divers ordre de Gouvernement qui avoit lieu dans les états des princes spirituels & temporels, dans les dominations des comtes & des dynastes, & dans les cités soit aristocratiques, soit démocratiques, qui formoient un grand nombre de gouvernemens mixtes. Ce n'étoit pas un corps confédératif, comme celui des cités gauloises & latines, ou la ligue achéenne, dont tous les membres ont eu une constitution à peu près égale. Semblable à un bâtiment construit de pierres de taille, de briques, de chaux & de sable; ces diverses parties manquoient d'un centre de gravité & de réunion, qui, par

 l'irrél'irrégularité originaire du plan, & faute d'un ciment assez fort & tenace, ne se trouvoit nulle part.

— L. 7. *L'histoire de cet empire n'est qu'un exposé de toutes les variations possibles* &c. Sous les Carlovingiens la Germanie fut un état occupé par la famille de Charlemagne à titre de propriété & de conquête. Comme les Empereurs de la maison de Saxe, issus de Ludolphe, le plus puissant vassal des Carlovingiens, possédoient des domaines trés étendus, auxquels ils joignirent le royaume d'Italie, & la plus grande partie du royaume de Lothaire, il auroit été dangereux de leur contester le droit de succession, & quoique ces puissans Princes ne fussent pas des Monarques héréditaires de *droit*, ils ne cesserent pas de l'être de *fait*. Les Empereurs des maisons de Franconie & de Souabe, dont les premiers devoient leur élévation à la dynastie des Empereurs Saxons, & qui établirent à leur tour la maison de Hohenstaufen, pour recompense des services qu'ils en avoient reçus; les Empereurs, dis-je, de ces deux dynasties impériales se maintinrent, par l'établissement de la maison des Guelfes, & aprés l'abbaissement de ces Princes puissans, sous le regne de l'Empereur, Frederic I, par l'illustration des maisons de Wittelspach, d'Ascanie, de Schaumbourg & de Meckelbourg. Au moyen de ces

puissans

puissans appuis, parmi lesquels il faut compter les Burggraves de Nurnberg, de la maison de Hohenzollern, les ducs de Teck, fondus dans la maison des Comtes & ducs de Wirtemberg, les Marggraves de Misnie & les Landgraves de Hesse, ces Empereurs se soutinrent contre la faction pontificale. Mais après la mort de l'Empereur Frédéric II, ce vaillant défenseur de la gloire & des intérêts du corps Germanique, il n'y eut plus de centre & de point de réunion. Les Princes, les Dynastes & les nobles immédiats de l'Empire ayant pris le dessus, la Germanie ne fut plus qu'une confédération mal entendue, de Princes, de Seigneurs & d'hommes entièrement libres. Du défaut de réglemens capables d'assurer la paix publique, & de prévenier l'abus d'un pouvoir illimité, l'Empire Germanique prit la face d'un état si foiblement combiné, qu'il approcha d'un côté de celui de nature, & de l'autre d'une anarchie totale. Le mal ne pouvant pas aller plus loin, le tiers état, impatient d'un joug beaucoup plus insupportable, que celui sous lequel gémissoient les anciennes Villes grecques, lorsqu'elles étoient gouvernées par des magistrats abusifs qu'on nommoit Tyrans, commença à se servir des sentimens & des forces qu'il tiroit de la constitution & du caractere national. Les atteintes données aux libertés primitives de l'homme & du citoyen, firent naître des confédérations & des ligues, entre les habitans des cités & des villes les plus considérables. D'un côté la ligue anséatique se mit à protéger l'industrie, la sureté & le commerce, & de l'autre côté, la noblesse du Brisgow, de Souabe, de la Franconie & du Rhin, s'unit, sous divers noms, pour ne pas succomber aux efforts que firent les villes de ces cercles & de ces districts, dans la vue de se mettre dans une entiere indépendance, & pour ne pas perdre les revenus qu'on tiroit de la servitude des gens de la campagne. Les Empereurs de la maison deLuxembourg ne se maintinrent qu'en biaisant entre ces deux partis, puisqu'ils assistoient tantôt l'un & tantôt l'autre. Des traces de l'ancien Gouvernement monarchique qui etoient restées encore, de l'autorité aristocratique & de la liberté démocratique, on fit enfin un Gouvernement mixte, qui obtint une sorte de légalité & une forme tant soit peu réglée, sous l'Empereur Maximilien I, qui, ne pouvant pas remédier autrement aux désordres publics, mit la derniere main au partage qu'on fit des terres de l'Empire, qui furent divisées en cercles, ou corps militaires & confédératifs. Le surcroît des forces de la maison d'Autriche excita l'inquiétude & la jalousie des Princes qui, pour limiter l'exercice de la puissance Imperiale, sous le regne de Charles quint, & pour borner l'ambition de ce Prince,

Prince, dresserent une capitulation qu'ils firent jurer par cet Empereur. Comme l'on préscrivit une capitulation particuliere à chaque Successeur de ce Monarque, la forme du gouvernement germanique ne fut jamais fixe, & changea d'un regne à l'autre, tant par le nombre des griefs qui servirent de raisons & de prétextes, pour prendre de nouvelles précautions, que par les tentatives & les efforts qu'on fit pour briser, & pour abolir ces entraves.

— L. 11. *Cette incertitude est le resultat d'une infinité de collisions* &c. Ces collisions vinrent d'un côté des limites peu fixes des divers états, du caractére tout à fait guerrier de la nation, & des qualités distinguées de quelques héros, qui leur donnerent lieu d'étendre leurs domaines & de faire de grandes conquêtes. Ce fut par ces moyens que Henri le Lion soumit le Meckelbourg, le Holstein où il fonda la ville de Lubeck & acquit plusieurs contrées importantes de la Westphalie. Albert l'Ours, premier Marggrave de Brandebourg de la maison d'Ascanie, cet émule de la gloire de Henri, soumit les Venédes dans les Marches de Brandebourg, & ces deux princes se faisant ombrage, eurent plus d'une fois de violens demélés. Car le héroisme, lorsqu'il a la facilité de se déployer, ne reconnoît d'autres limites que celles qui viennent de la supériorité des forces.

Le seul moyen par lequel on put mettre fin à tant de contestations, qui se renouvelloient à chaque instant, entre les princes voisins, fut l'établissement des confédérations héréditaires & des successions éventuelles, comme ces pactes furent faits entre la maison de Brandebourg & celles de Poméranie & de Meckelbourg. Quand le sujet de la contestation étoit d'une trés grande importance, & que le pays, qui étoit en litige, avoit une étendue très considérable, on se mit à partager le différend, comme cela se fit à l'égard du Landgraviat de Thuringe, duquel on démembra la Hesse, en faveur de Louis de Brabant, dit l'enfant de Hesse, & la Thuringe proprement dite, fut assignée à Henri l'illustre Marggrave de Misnie. Ces collisions perpétuelles d'intérêts & de forces nacquirent encore de l'aggrandissement imprévu & subit de princes, tels que furent les ducs & grands ducs de Carinthie, de Méran & de Zäringue, les Marggraves de Tuscie de la maison des Guelfes fondue dans celle d'Este, qui jouoient à leur tour un rôle trés distingué sur les frontieres, & même dans l'intérieur de la Germanie. Joignons à ces sujets de dissension, ceux qui naissoient de l'ambition également forte des Princes & des Prélats, ceux ci ne voulant pas ceder le pouvoir temporel ou le droit du glaive, dont ils se servoient comme les séculiers. Les Archevêques de Magdebourg

debourg & de Brême, eurent les querelles les plus sanglantes, avec leurs voisins, les Marggraves de Brandebourg & les Ducs de Saxe, les Ducs de Brunsvic & les Comtes de Holstein. Les Archevêques de Mayence & les Électeurs Palatins, les Archevêques de Salzbourg & les Ducs de Baviere n'eurent pas moins de différends. Si l'on considere enfin les doubles élections archiépiscopales, dont les plus fameuses furent celles des siéges de Mayence & de Cologne, entre Thierry d'Isenbourg & Adolphe de Nassau, Herrmann de Hesse & Robert Comte Palatin du Rhin, dont le dernier fut soutenu, par Charles le Hardi, Duc de Bourgogne, on ne sera pas surpris des troubles militaires qui ont infesté & désolé la Germanie.

Pag. 6. L. 8. *Dans les siecles d'ignorance & de férocité* &c. La férocité nationale vient du pouvoir illimité que s'arroge chacun qui a la force de se faire valoir. Comme le principe de la force & de la violence donne l'exclusion à l'esprit de reflexion & aux vrais sentimens, on vit porter l'impétuosité & le droit du plus fort au plus haut degré, dans un pays, où chacun crut que rien ne lui pouvoit être défendu. Sans parler de tant d'acharnemens, qui eurent lieu entre les fréres & les parens de la même maison, on n'a qu'à se souvenir du sort affreux qu'on fit subir à l'Empereur Henri IV, contre lequel on porta la dureté, jusqu'á lui refuser une prébende dans l'église cathédrale de Spire, richement dotée par ses ancêtres, du meurtre de Philippe de Souabe, frére, & en partie successeur de l'Empereur Henri VI, tué, par un comte de Wittelspach, pour avoir refusé de lui donner en mariage une des filles du Roi, que le Comte avoit demandé, & qu'il prétendoit lui avoir éte promise, du procédé tout à fait dénaturé d'Albert, le malmoriginé, Landgrave de Thuringe, qui aliéna son pays, en haine de ses fils, & donna lieu au démembrement de la Thuringe, de l'enlevemeut des deux fils de l'électeur de Saxe, Frédéric II, par Kunz de Kauffung, qui vouloit se venger de l'Électeur, & s'assurer, par la saisie des jeunes princes, de la rançon qu'il avoit été obligé de payer, dans le tems où il étoit au service de l'Électeur, de l'assassinat de l'Evêque de Wurzbourg, de l'ancienne famille des Zobel de Giebelstadt, par un Grumbach, qui vouloit tirer raison de l'Évêque, par la voye de fait, de la guerre que soutint le Baron de Siekingue, contre l'Électeur Palatin & quelques princes confédérés, de la mort tragique enfin de l'Empereur Albert I, par une conjuration trâmée contre ce Prince, par son neveu, Jean, Duc de Souabe, & quelques Gentilshommes, qui étoient entrés dans les intérêts du Duc, parceque l'Empereur n'avoit

pas

pas voulu l'émanciper, & le mettre dans la possession de ses états héréditaires, & de tant d'autres actes, contraires aux loix de l'humanité & aux instituts de la vie civile.

Pag. 7. L. 6. *Cette animosité devint très envenimée* &c. Il faut distinguer deux différends qui étoient entre ces deux branches, celui, entre Rodolphe, Comte Palatin du Rhin, Duc d'une partie de la haute Baviere, & Louis Duc de tout le reste de cette partie du Duché de Baviere, tous deux, fils de Louis II, dit le Sévére, Comte Palatin du Rhin & Duc de toute la haute Baviere. Ce différend fut occasionné par le choix que firent quelques Électeurs du Duc Louis, pour le substituer à l'Empereur Henri VII. La jalousie de Rodolphe, frére aîné de Louis, fut tellement excitée par l'élévation de ce Prince, que le Comte Palatin ne rougit pas de se mettre à la tête du parti électoral, qui se déclara, en faveur de Frédéric le bel, Duc d'Autriche, second fils de l'Empereur Albert I. Comme le parti de Louis, soutenu par Charles de Luxembourg, Prince de Bohéme, commença à prévaloir, l'Empereur Louis IV, pour se venger de son frére, ne le chassa pas seulement de la portion qu'il tenoit de la Baviere, mais le dépouilla de tous ses états, qui ne furent rendus qu'à l'exception de la Baviere, dont l'Empereur se réserva la portion qui avoit

 appar-

appartenue au Palatin. Les fils du malheureux Rodolphe furent rétablis, dans le haut & le bas Palatinat par le traité de Pavie en 1329.

Le ſecond différend entre ces deux branches qu'il faut diſtinguer du premier arriva, après la mort de George, ſurnommé le riche, dernier Duc de Baviere Landshut, qui avoit légué ſes états à Robert, ſurnommé le vertueux, Comte Palatin du Rhin & frére de l'Électeur Palatin Louis V. Quoique la maiſon Palatine ſe donnât beaucoup de mouvemens pour faire valoir ce teſtament & pour rentrer dans la poſſeſſion d'une partie de la haute baviere, la derniere volonté du Duc George ne fut point éxécutée, & Albert IV, Duc de Baviere, de la branche de Munic, réunit tous les états Bavarois. On ne donna aux fils de Robert, mort en 1504, pour l'équivalent de leurs prétentions que le Palatinat de Neubourg.

Pag. 11. L. 14. *Comme le mal fait à ſes ancêtres vint d'un Empereur* &c. La raiſon de la grande animoſité que l'Empereur Charles IV fit ſentir à la maiſon de Baviere, vint de ce que ce Prince avoit aſſiſté puiſſament l'Empereur Louis IV, dans la guerre, qu'il eut à ſoutenir, contre l'anticéſar, Frédéric d'Autriche, & que les troupes de Bohéme avoient beaucoup contribué à la victoire déciſive, remportée prés de Mühldorf, ſur Frédéric & ſon parti, où ce prince

fut

fut fait prisonnier, & obligé de se contenter du titre d'Empereur, aprés avoir souffert une longue captivité. Ce secours fut donné par la maison de Luxembourg à Louis IV, dans le dessein de porter cet Empereur à investir du Marggraviat de Brandebourg, le Prince héréditaire de Bohéme. Comme l'Empereur disposa de ce Marggraviat en faveur de son fils, Louis dit le romain, Charles conçut une telle inimitié contre lui, qu'il ne voulut pas seulement le priver de l'Empire, mais qu'il ne cessa de susciter mille chagrins aux fils de l'Empereur Louis. Il les frustra du comté de Tirol, en favorisant la maison d'Autriche, & en faisant perdre à celle de Baviere le district de Kuffstein, qui avoit été détaché de ce Duché en faveur du mariage d'un Prince Bavarois, avec Marguerite héritiere du Tirol. Comme dans les siécles où le droit public est méconnu, on substitue les passions aux maximes d'honneur & d'état, l'Empereur Charles IV ne rougit pas de suborner & d'aider un imposteur contre l'électeur de Brandebourg Louis de Baviere. Ce fut le faux Waldemar qui s'étoit fait passer pour l'avant dernier électeur de ce nom de la maison d'Ascanie; en fin Charles IV ne cessa de négocier jusqu'à ce qu'il eût disposé Othon, troisieme & dernier Electeur de Brandebourg, de la maison de Baviere, à lui faire la cession de l'électorat, qui fut donné

en

en appanage à Sigismond, fils puiné de l'Empereur. Il faut encore ajouter que l'indivisibilité des prérogatives électorales, accordées, par la bulle d'or à la branche palatine, alloient directement contre le pacte que l'Empereur Louis IV avoit fait avec ses neveux, au sujet de la dignité électorale qui devoit alterner entre les deux branches.

P. 15. L. 10. *Maximilien II, prince sage* &c. Le regne de douze ans de cet Empereur fut le periode le plus heureux & le plus pacifique de la Germanie. Il ne molesta ni ses propres sujets ni ceux de l'empire. Jamais ce bon prince ne fut plus irrité & plus ému qu'en apprenant le massacre de la St. Barthelemy, ordonné & approuvé, par son gendre, Charles IX, Roi de France. L'Empereur lui écrivit une lettre trés pathétique & trés forte, sur l'iniquité, la folie & l'impiété d'une entreprise qui ne tendoit qu'à perdre un souverain dans l'esprit de ses sujets & de toutes les personnes sensées, impartiales & honnêtes. Elisabeth d'Autriche, fille de l'Empereur, & Reine de France, fut inconsolable en apprenant ce mystere de ténèbres & d'iniquités. Comme les cris lamentables de tant de victimes de l'intolérance la plus cruelle s'étoient fait entendre à cette Princesse compâtissante, elle repandit un torrent de larmes, & se jetta à genoux, pour supplier

le

le pére de misericorde, de pardonner ce zéle malentendu au Roi son époux, qui avoit été séduit par de mauvais conseillers. Aprés la mort prématurée de Charles IX, sa veuve se dévoua entièrement aux exercices de piété & de religion.

— L. 16. *Son fils & successeur* &c. La hauteur de Rodolphe II, fut si connue, qu'elle passa en proverbe, & à la vue d'un homme qui affichoit un air cérémonieux & très souple, on eut coutume de dire de lui qu'il étoit un *Rodolphin*. Cette hauteur étoit fondée sur les vastes connoissances que possédoit ce Prince, & qui lui firent regarder avec dédain tous ceux qu'il croioit lui être inférieurs à cet égard. Après avoir fait attendre très longtems les Princes, les Généraux & les Ministres, il ne parut que pour les entretenir de choses qu'ils ne comprenoient pas & pour se moquer de leur impéritie. L'Observatoire, le Laboratoire, la salle des machines, le Jardin botanique & la ménagerie de ce Prince lui dérobérent tout le temps qu'il auroit dû destiner aux affaires. Le Radczin ou le château impérial de Prague fut, du tems de Rodolphe II, une vraye Académie, où l'Empereur, confondu, avec ses astronomes, ses chymistes, ses mécaniciens & les curieux de la nature, ne se distinguoit de tous ces savans que par un goût plus vif, & une plus grande assiduité.

assiduité. Tandis que des Princes se morfondoient dans les antichambres de Rodolphe, les Tycho Brahé, les Keppler, & d'autres hommes illustres eurent les entrées libres. Mais ce goût décidé pour la science, qui dégéneroit en passion, rendit le gouvernement de cet Empereur aussi foible & mal réglé que fut celui de l'Empereur Grec, Leon X, surnommé trés abusivement le Philosophe, parcequ'il ne copioit en aucune maniere le regne de Marc Auréle. On doit faire le même reproche à Alfonse X, Empereur titulaire, & Roi de Castille, trés faussement appellé le Sage, parce qu'en dépit de son savoir astronomiqne, il devint le jouet de ses fils & des grands du royaume. L'étude des sciences éxactes, demandant l'application la plus soutenue, il semble que le trop grand attachement à ces sortes de recherches, convient moins à un Souverain que le goût des lettres, de l'histoire & de la Philosophie pratique.

— Ligne derniere. *La curiosité indefinie &c.* Le dédain dont Rhodolphe accabla son frére, l'Archiduc Matthias, ne vint pas seulement de l'inconstance & de la légéreté de ce Prince, mais principalement de ce que l'inconsidération de l'Archiduc étoit allée jusqu'à offrir ses services aux Hollandois, traités de rebelles, par l'Espagne & toute la maison d'Autriche. On le fit chef de ces revoltés, & Guillaume I, Prince

d'Orange

d'Orange, quoiqu'il fit semblant de céder à la naissance & au rang de Matthias, ne laissa pas de conserver la principale autorité, & après avoir fait essuyer mille dégoûts au Prince Autrichien, il le disposa enfin à quitter la Hollande. Matthias de retour en Allemagne, encourut la haine de tous les princes de sa maison, & particuliérement de l'Empereur son frére aîné, qui le rélégua dans une ville de la haute Autriche, où, sans écouter les plaintes de Matthias il lui donna à peine de quoi vivre.

Pag. 16. L. 9. *La loi de la nécessité &c.* L'indolence de l'Empereur lui fit souffrir de grands échecs en Hongrie & en Transylvanie, de la part des Turcs, sous le Sultan Achmet I. Les troupes de Rodolphe étant devenues tout à fait indisciplinables, il eut à craindre le mécontentement des Hongrois & des Allemands. Comme tous les princes de la maison de l'Empereur firent des instances trés fortes auprès de lui, pour le disposer à donner le commandement de l'armée à un prince autrichien, qui seroit en état de contenir les généraux, les soldats & les sujets, l'empereur choisit l'archiduc Matthias, parcequ'il le crut incapable de lui jouer un mauvais tour.

La défection de tous les sujets de l'Empereur fut si complette, que les Bohémes, comblés des bienfaits de Rodolphe, l'abandonnerent, & le

livrent

livrerent à la merci de Matthias, qui detint l'empereur son frére prisonnier, dans le chateau de Prague. L'Empereur voulant une fois descendre par un escalier dérobé, & passer dans le jardin, trouva la porte fermée, & la sentinelle lui ayant défendu la sortie, & l'ayant obligé de remonter dans son appartement, ce malheureux Prince, plein de ressentiment & de rage, ouvrit une fenêtre, qui donnoit sur la ville de Prague, & prononça mille imprécations contre une cité, qui avoit été l'objet de ses soins les plus affectueux, & qui l'avoit payé de la plus noire ingratitude. Un coup d'apoplexie enleva bientôt après le plus savant & le plus infortuné de tous les Empereurs autrichiens.

Pag. 17. L. 11. L'Empereur Matthias n'avoit fait que changer de maître. Asservi aux Espagnols, & particulierement au Comte d'Ognate, Ambassadeur du Roi Catholique à la cour de Vienne, il fut forcé de laisser la direction des affaires aux Espagnols & à Ferdinand. Comme l'on craignoit, que le Cardinal Clesel, favori & premier ministre de Matthias, ne suggerât à son maître quelque expédient qui le pût soustraire à la servitude, on enleva le Cardinal à l'insçu de l'empereur & on l'enferma dans un château. Matthias qui étoit malade & alité alors, ayant demandé envain qu'on lui fît venir son ministre, reconnut enfin, mais trop tard, qu'il n'avoit plus rien à dire, le chagrin l'emporta peu de tems après.

P. 18. L. 17. *Ce prince élevé &c.* L'Archiduc Charles, Duc de Styrie, de Carinthie & de Carniole fut un des premiers Princes Germaniques, qui accueillit & protégea les disciples de St. Ignace. Il leur bâtit un Collége à Graetz, le dota richement, mit l'Université, établie dans cette ville, sous la direction de ces Péres, prit un confesseur de leur ordre, le consulta en tout, & confia à la société l'instruction & l'éducation de ses enfants, & particulièrement de Ferdinand son fils aîné. Ce prince fut encore plus dévoué à cet ordre que son pére, puisque le jeune Archïduc fit de certains voeux, institués pour les laics qui vouloient être aggrégés à la société. Les Jésuites le firent passer pour un Saint, à qui un Crucifix avoit adressé des paroles de consolation & de soutien. Le zèle de Ferdinand II alla, jusqu'à dire, qu'il aimeroit mieux prendre le bâton & la besace, pour aller avec sa famille dans l'éxil, que souffrir les hérétiques & leur accorder un azile dans ses états. Quand on lui réprésentoit les mauvais effets produits par ses rigueurs, il repondit, qu'il préféroit un royaume pauvre, & demi désert, où il n'y auroit que des catholiques à un État riche & rempli de dissidens.

P. 21. L. 14. *Après que les opinions &c.* Les croisés, qui étoient la lie & l'écume des Peuples d'Occident, se servirent de ce cri de guerre à la prise d'Antioche & à celle de Jérusalem, où, sans donner quartier, ils passérent au fil de l'épée la plupart des habitans. Le zèle inhumain & féroce de ces hommes altérés de sang, ne vint pas seulement du fanatisme, mais de l'impunité qui leur fut accordée. Tous étant des volontaires, & le plus grand nombre consistant en hommes ruinés, qui, pour s'affranchir des poursuites de leurs créanciers, s'étoient laissés enrôler, ils ne garderent point de mésures, & n'eurent aucune teinture de moeurs & de sentimens.

P. 25. *Les Électeurs Palatins Frédéric III. &c.* L'enthousiasme religieux n'exalte pas moins toutes les facultés de l'ame que l'amour de la gloire. Des trois Électeurs de la branche Ernestine qui se distinguerent par leurs sentimens religieux, Frédéric mérita le nom de *Sage*, par ses principes de tolérance, qui lui firent souffrir la doctrine de Luther, quoiqu'il n'en fit pas profession ouverte & qu'il ne vît jamais ce réformateur. La sagesse de ce Prince se déploya également, dans les affaires temporelles & spirituelles. Ne voulant pas accepter la dignité Impériale, il la fit obtenir à Charles quint, par des raisons nullement intéressées, mais tirées des vrais

vrais intérêts de la Germanie tels qu'ils étoient alors. Il déclara à ses conseillers que celui qui recevroit les présens offerts par l'Empereur seroit cassé. L'enlévement de Luther, à son retour de Worms, qu'il fit garder, dans le château de Wartburg, & la maniére dont il défendit à Nurnberg ses sentimens de tolérance, en faisant passer le sujet de ces dissensions pour des disputes d'école, découvrent un vrai fond de sagesse. Jean le *Constant* mérita ce nom, par la contenance ferme avec laquelle il remit à l'Empereur & à la diéte la confession dite d'Augsbourg. Il faut dire la même chose de Frédéric III, Électeur palatin, qui ayant remis à l'empereur Maximilien II, & aux princes, la confession helvétique, s'attira de l'Empereur ce vrai éloge, qu'il avoit plus de piété, de religion & de franchise que tous les autres Princes. Cet Électeur eut le courage de montrer à Henri III, Roi de France, le portrait de l'Amiral de Coligny, en lui disant que l'Amiral avoit été le plus brave & le plus honnête homme du Royaume. Frédéric III eut cela de commun avec Frédéric le Sage, Électeur de Saxe, que comme celui-ci avoit fondé l'université de Wittemberg, celui-là établit l'Université de Heidelberg. Jean Frédéric, dit le *Magnanime*, se rendit digne de ce nom, en écrivant à l'électrice, Sybille de Cléves, son épouse, assiégée, dans la forteresse de Wittemberg, par l'empereur Charles quint, & menacée de la perte de son époux, si elle ne rendoit pas la place, qu'elle devoit plutôt faire attention à l'intérêt de son pays, & à celui de ses enfans, qu'à ce qui pouvoit servir à prolonger ses jours, qui étoient entre les mains de Dieu. La tranquillité d'esprit qu'il fit paroître à Augsbourg, lors qu'il entendit le son des trompettes & des timbales, avec le quel le nouvel Électeur Maurice vint prendre son investiture, & l'attention qu'il continua d'avoir à la lecture qu'il faisoit alors des saintes écritures, donnent à connoitre une ame élevée au dessus des passions mondaines. On est revolté, en lisant des traits, qui ne devinrent si tragiques, que par les divisions & les partages qu'on fit dans les maisons électorales. Ces partages vinrent autrefois, de ce que dans un siecle d'ignorance, où l'on eut de la peine à comprendre le droit de substitution, on fut encòre moins en état de sentir l'importance & la nécessité du droit de primogéniture, qui n'étant fondé que sur des maximes de politique & d'intérêt public, répugnoit à ces hommes grossiers, & qui ne se conduisoient que par les loix de la nature, qu'on se représente, comme n'admettant ni modification ni dispense. La fermeté de ces princes n'auroit pas été telle, si Luther n'en eût donné l'exemple, par sa conduite tenue, dans la diéte de Worms, où sa contenance frappa George

de

de Frundsberg, vieux militaire, qui voyant Luther, disposé à paroître, devant l'Empereur & la diéte, le frappa sur les épaules, en lui disant: petit moine, Dieu soit avec toi, tu as un pas à faire qui effrayeroit le soldat le plus déterminé.

Pag. 27. L 15. *En considérant le caractére* &c. Les mécontens de Bohéme, à la tête desquels se trouvoit l'impétueux Comte de Thurn, se rendirent à la chancellerie, dans le château de Prague, où ayant trouvé le Baron de Slavata, le Seigneur de Martinitz & le Secrétaire Fabricius, ils leur firent les reproches les plus sanglans, & comme Slavata commença a menacer les rebelles, ils le prirent par le corps, pour le jetter du haut de l'appartement, & précipiterent ensuite les deux autres, qui tombant sur un tas de papiers, n'en eurent que des contusions. La Comtesse de Thurn, très mécontente du procédé violent de son mari, alla de ce pas trouver la Baronne Slavata, pour la supplier de l'épargner avec sa famille, Connoissant l'imprudence de son époux, la comtesse prévit que cette mauvaise affaire auroit les suites les plus fâcheuses. Comme tous ces violens Bohémes avoient prêté le serment de fidélité à Ferdinand II, ils ne purent se justifier qu'aux dépens de la raison & de la justice. Alléguant l'exemple des Hussites, qui, sous l'Empereur Wenceslas, avoient fait sauter des fenêtres de la maison de ville de Prague, treize magistrats, qui leur étoient suspects, ces protestans féroces ne remarquèrent pas qu'un acte d'atrocité ne pouvoit jamais avoir force de loi.

P. 28. L. 4. *Les Protestans de Bohéme* &c. George Podiébrad devint Roi de Bohéme, de Gouverneur du Royaume, qu'il avoit été, après la mort prématurée de Ladislas d'Autriche. Il résista à l'Empereur Frédéric III & au Pape, mais il fut obligé de céder aux armes victorieuses de Matthias Hunniade, Roi d'Hongrie, la Moravie, la Silésie & la Lusace. Matthias, sans avoir été superstitieux & asservi au Pape, fut tenté par son ambition d'envahir les états d'un Prince excommunié. S'il fut condamnable de s'être prêté aux suggestions pontificales, son invasion fut encore aggravée, parce qu'il devoit son élargissement au Roi George, qui le fit sortir du château de Prague, où il avoit été enfermé, par les ordres du Roi Ladislas, pour s'être rendu suspect du meurtre commis dans la personne du Comte de Cilley, oncle du jeune Roi, & que Ladislas frère aîné de Matthias, assassina dans le château de Bude. Comme Matthias avoit épousé en premieres noces la fille du Roi George, il ne convenoit pas au gendre d'attaquer son beau pere & son bienfaiteur. Le Roi George se maintint cependant en Bohéme, & sa postérité posséda les Duchés de Munsterberg & d'Oels en Silésie.

— *Environné d'ennemis* &c. Ce fut le célébre Gabriel, Comte de Bethlen, nommé Bethlen Gabor, qui passa en Hongrie, prit Presbourg, se fit proclamer Roi par son parti, & envoya 14000 Hongrois au secours de Frédéric V; ces Hongrois s'étant enfuis les premiers, dans la bataille de Prague, ils ne furent pas d'un grand secours au Palatin. Le Prince de Transylvanie s'accomoda ensuite avec l'empereur, & renonça à la dignité royale, en se stipulant sept Comtés qui lui furent cédés dans la haute Hongrie.

Pag. 29. L. 16. *Le prince Palatin* &c. Au lieu d'agir, comme Elisabeth, Jaques I, Roi d'Angleterre ne fit que disserter sur l'étendue de la puissance royale, & aliéna de la domination écossoisse, ses nouveaux sujets, qui, mécontens de la mauvaise économie, des caprices, & de l'inaction de ce prince, n'en firent aucun cas. Gondemar, Envoyé d'Espagne à la Cour de Jacques I, s'insinua dans la familiarité de ce Prince, en lui parlant Latin, & en faisant plus d'un solécisme, que le Roi se plut à relever. Cet habile négociateur fit mettre sur le tapis le mariage du Prince de Galles avec l'Infante d'Espagne, lequel, malgré le voyage romanesque que fit le Prince en Espagne, fut éludé par les Espagnols, qui se contentérent d'avoir suspendu l'activité des Anglois qui vouloient prendre le parti de l'électeur Frédéric, gendre du Roi, & arrêté les progrés des ennemis. Elisabet d'Angleterre, épouse de l'Electeur Palatin & Roi de Bohéme, aussi vaine & présomtueuse que son pere, ne contribua pas peu à faire prendre à son mari la qualité de Roi de Bohéme. Ce fut un malheur, pour Frédéric V, que le vaillant Comte Palatin, Jean Casimir, tuteur de Frédéric IV, pere de Frédéric V, & zélé défenseur des droits protestans, ne vécut plus. Car ce fut le seul Prince Palatin, que jusqu'alors on put comparer avec l'Electeur, Frédéric II, dit le *Victorieux*, l'épouventail de l'Empereur Frédéric III, & la terreur du Pape. Jean Casimir, communiqua sa fermeté religieuse à l'Electeur Frédéric IV, & celui-ci la transmit à son Fils, Frédéric V, qui, rempli d'un trop grand zèle pour la doctrine des réformés, révolta les luthériens de Bohéme, en préparant la chapelle du château de Prague selon le rit des réformés.

P. 32. L. 18. *Chaque homme capable* &c. Ces levées de bouclier qui se firent avec tant de rapidité, & où l'on vit tant de nouveaux Chefs d'armée, avoient été déja connues, dans les siècles antérieurs, & particuliérement sous le regne de Maximilien I, & de Charles V, où George de Frundsberg, Sebastien Schertel & d'autres *Condottieri* ou hommes, chargés de lever des troupes, eurent assez de crédit pour assembler de gros corps d'armée, dans un pays très peuplé, & où il n'y avoit pas encore de *perpetuus miles.* Albert, Marggrave de Brandebourg, de la branche de Franconie fut le précurseur de tant de nouveaux Chefs d'armée qui parurent un siècle après. Il y eut à la vérité cette différence, entre les conducteurs qui étoient Princes, & ceux qui ne l'étoient pas, que les premiers, semblables aux Sforces, voulurent se faire des établissemens, aulieu que les seconds, n'agirent qu'au nom du Souverain qui les avoit soudoyés.

— à la fin *le Comte de Thurn* &c. Il n'eut que les qualités de démagogue, sans avoir celles de vrai capitaine. S'étant présenté devant Vienne, & ayant trouvé une grande partie de la bourgeoisie disposée à se joindre aux mécontens, il fut si peu sur ses gardes, qu'un regiment de cavalerie passa dans la ville, rendit le courage aux partisans de l'Empereur, & fit échouer l'imprudent Comte de Thurn. Il ne fut pas plus heureux dans la suite, & s'étant laissé battre par les Autrichiens, le chancelier Oxenstiern lui déclara, qu'il ne lui confieroit

plus

plus un seul soldat suédois. Il semble que pour exciter le peuple, on n'a besoin que de la passion, & on ne voit pas toujours l'esprit de réflexion joint à celui d'un factieux.

— *Mansfeld* &c. Ce Comte fut le meilleur Général de Frédéric V. Il défendit vaillamment la ville de Pilsen, fut vaincu sur le pont de Dessau, voulut s'approcher de Bethlen Gabor, pour faire une diversion à l'Empereur & mourut en Dalmatie.

Pag. 33. L. 6. *Le Duc de Jægerndorf* &c. Ce fut un Marggrave de Brandebourg, zèle partisan de Frédéric V, que l'Empereur proscrivit & dépouilla de son duché, dans lequel le Marggrave ne fut jamais rétabli. La prétention sur le Duché de Jægerndorf fut renouvellée & rendue valide dans la premiere guerre de Silésie.

Pag. 35. L. 16. *Tilly* &c. Ce général fut de la famille des Tserclaes, que Maximilien, Duc, & nouvel Électeur de Baviere honora d'une entiére confiance. Général Bavarois beaucoup plus que Chef impérial, Tilly suivit entiérement les impressions qui lui furent données par Maximilien son maitre, & l'auteur de sa fortune. Simple dans ses habits, modeste, chaste & sobre, ce Capitaine fut content de la gloire des armes, ne thésaurisa point, & refusa le titre de Prince que lui offrit l'Empereur. Ce titre fut accepté ensuite par ses parens, les Princes Tserclaes. Tilly reçut une blessure dangereuse près du Lech, & s'étant laissé transporter à Ingolstadt, l'Electeur Maximilien l'alla voir, & reçut les avis les plus sages de la part de ce capitaine expérimenté & fidéle, qui conseilla à son maitre de concentrer tous ses soins à la conservation d'Ingolstadt & de Ratisbonne, ces deux clefs de la Bavière, dont celle-ci fut prise par le Duc Bernard de Saxe Weimar, & l'Electeur Maximilien la reprit ensuite.

— *Aldringer* &c. Aldringer fut d'une origine semblable à celle du Feldmaréchal Doerflinger, & obtint un grade aussi distingué. Mais ayant eu de la peine à percer, il porta l'exactitude de la discipline militaire jusqu'à la plus grande rigueur; il prévint même les ordres de l'Empereur & se hata d'infliger le dernier supplice à des officiers distingués, dont il crut avoir sujet de se plaindre. Ayant fait fermer les portes de Ratisbonne, le courier qui apporta les lettres de grace arriva trop tard. Au ſac de Mantoue il s'appropria les meubles précieux du palais des Gonzagues. Le nom & la fortune d'Aldringer entrerent par alliance dans la famille des Comtes à préſent Princes de Clary & d'Aldringer.

— *Jean de Werth* ne fut pas d'une extraction plus noble. Il ſe diſtingua par des coups de main, des courſes & des ravages qu'il fit dans les provinces françoiſes; ayant été fait priſonnier & amené à Paris, le défaut d'éducation & de manières lui fit perdre la haute idée qu'on avoit conçu de ſon mérite.

Pag. 36. L. 6. *Que dirai je* &c. Le Comte de Wallenſtein, Duc de Fridlande & par uſurpation de Mecklenbourg, jouit de la plus haute faveur auprès de l'Empereur. Il fut puiſſamment ſécondé par le Prince d'Eggenberg, favori & prémier miniſtre de Ferdinand II, qui vêcut dans l'union la plus intime avec le général Wallenſtein. Ce miniſtre eut un ſi fort aſcendant ſur l'eſprit de ſon maître, qu'il ſut pallier les plus grands écarts de ſon ami. Quand Eggenberg étoit malade l'Empereur tint conſeil devant le lit de ſon confident. Si ce Prince fut dur, impérieux & impitoyable dans tout ce qui concernoit la religion, il eut de l'autre côté la plus grande condeſcendance pour les avis de ſes miniſtres & les conſeils de l'Eſpagne. Ayant épouſé en ſecondes noces, Éléonore de Gonzague, il ſe laiſſa perſuader, par le Comte Duc d'Olivarez, prémier miniſtre de Philippe IV, d'entrer dans le reſſentiment que les Eſpagnols eurent, contre Charles, Duc de Nevers, à qui il réfuſa l'inveſtiture des Duchés de Mantoue & de Montferrat, qui furent expoſés aux ravages de ſes troupes, malgré la profonde douleur que cette dévaſtation cauſa à l'Impératrice Eléonore, qui étoit une Princeſſe de Mantoue.

Pag. 40. L. 6. *Sigismond* &c. Le Roi de Suéde & de Pologne Sigismond III, eut d'abord de grands démêlés avec la Maiſon d'Autriche, qui ayant voulu mettre ſur le trône de Pologne, l'archiduc Maximilien, frére de l'Empereur Rodolphe II, ſuccomba à la prudence & la valeur du grand chancelier Zamoisky, qui ſoutint le parti de Sigismond, avec tant de ſuccés, qu'il vainquit l'archiduc & le fit priſonnier. Pour obtenir ſon élargiſſement, l'archiduc Maximilien fut obligé de renoncer à la couronne de Pologne. Une nouvelle

branche

branche de la maison d'Autriche étant montée sur le trône impérial, dans la personne de Ferdinand II, ce prince se rapprocha du Roi Sigismond III, & s'unit trés étroitement avec lui, non seulement à cause du voisinage de la Silésie & de la Pologne, mais parceque ces deux Princes, également affectionnés aux Jésuites, avoient le même zèle de religion. L'alliance de Ferdinand & de Sigismond fut trés avantageuse à ce dernier, qui obtint de l'Empereur un renfort de 15000 hommes, qui donnérent beaucoup d'exercice à Gustave Adolphe, dans la bataille de Stum, en Prusse, où le Feldmaréchal Arnheim se distingua beaucoup, & obtint un temoignage trés glorieux du Vainqueur Suédois, Gustave ayant perdu son chapeau & sa bandouliere dans cette journée. Bien que Sigismond ne fût pas militaire, son fils, le prince Uladislas passoit pour un jeune héros, aprés la victoire signalée, que ce Prince avoit remportée sur le Sultan Osman II, qui avoit envahi la Pologne avec 200000 hommes. Mais la république de Pologne, affoiblie par les pertes qu'elle avoit souffertes de la part de Gustave Adolphe, disposa le Roi Sigismond à faire une trêve avec la Suéde, que l'Empereur ne fut pas en état de prévenir.

Page 41. L. 9. *Doué de cet héroisme.* Gustave Adolphe, fils du Roi de Suéde, Charles IX, qui avoit fait périr sur l'échaffaut jusqu'à 140 personnages distingués, n'imita pas les rigueurs de son pére, & eut toutes les qualités propres à plaire au peuple. Familier & prévenant, sans déroger à sa dignité, réligieux, sans avoir l'esprit de minutie, sensible à la gloire, sans donner dans l'ostentation, ambitieux sans faire naitre de l'ombrage à son parti, ferme jusqu'à ne jamais vouloir se laisser préscrire la moindre chose de la part de Richelieu, dont il touchoit des subsides, ce prince eut un mélange de vertus & de talens, qu'il avoit acquis par les sages ordonnances & les réglemens patriotiques donnés à la Suéde, dont il a été non seulement le héros, mais le vrai pére. Au milieu des applaudissemens dont il fut accablé, Gustave dit, qu'il craignoit quelque cruel revers, parcequ'on se fioit trop au bras de l'homme, & que Dieu vengeroit son honneur outragé par cette éspéce d'idolatrie. Si Gustave avoit vécu, il auroit rétabli la discipline & les moeurs, parmi les officiers & les troupes

Ger-

Germaniques, auxquels il fit souvent des reproches très vifs au sujet des excés qui furent commis alors.

Pag. 43. *L'empereur ne croyant pas &c.* On fut si persuadé alors, que le Roi de Suéde, après la premiere bataille de Leipsic, au lieu de parcourir la haute Allemagne, auroit dû se porter sur la Bohème, que le Chancelier Oxenstiern, le confident de son maitre, l'ayant trouvé à Mayence, lui dit: Sire, je vous croyois sur le Danube. Il y a dans ces sortes d'événemens tant de diverses considérations à faire, que souvent on préfére un parti éloigné à celui qui se présente à tout le monde. Cette singularité vient peutêtre de ce qu'un systeme trés compliqué est le fruit de la propre imagination du héros, qui, amoureux de ses idées, dédaigne ce que lui offre la nature du sujet. Ainsi l'on vit Amaury, Roi de Jérusalem passer en Egypte, pour délivrer la Syrie & la Palestine. Dans la vue de sauver la Livonie, Charles XII s'enfonça dans l'Ucraine, & Gustave Adolphe, occupé à l'abbaissement de la maison d'Autriche, soumit les cercles de Franconie, de Souabe & du haut Rhin.

Pag. 45. L. 9. *L'empereur a peine échappé &c.* Ferdinand courut ce péril, par la confédération militaire que fit Wallenstein avec les principaux officiers de l'armée. Ces sortes de confédérations militaires arrivent souvent, dans les guerres civiles; & du temps des Capitaines & des Triumvirs Romains il y eut plus d'une armée qui se ligua avec son chef. La confédération de Jean Sobiesky, grand général de l'armée Polonoise lui fit obtenir la couronne, au lieu que Wallenstein, qui étoit encore plus habile général que Sobiesky, échoua dans son entreprise, à cause de la défiance que le caractère surnois & dissimulé de cet homme ambitieux fit naître dans l'esprit des Protestans. Le grand Gustave avoit rejetté avec indignation les ouvertures d'un homme qu'il traitoit de perfide, & le Duc de Saxe Weymar voulut attendre le succés de cette trâme, & ne fit que s'approcher des frontiéres, pour observer ce qui se passoit en Bohéme. Piccolomini & Gallas s'étant retirés à Vienne, instruisirent l'Empereur de la trâme de ce mauvais chef. Plusieurs officiers ayant vû le piege qu'on leur avoit tendu, rentrérent dans le devoir; & Wallenstein, apprèhendant une défection générale, se rendit à Egra, où il espéroit de gagner, Gordon, Leslie, &

& Buttler, officiers écossois, qui commandoient dans la place; mais ces étrangers considérant qu'ils avoient prêté le serment de fidélité à l'Empereur, & ne voulant pas s'engager dans un parti demi ruiné, minutérent la perte de Wallenstein & de ses principaux partisans, les Comtes Kinsky, Tersky, le Colonel Neumann &c. En étouffant la conjuration, par la mort du Chef & de ses principaux complices, ils se mirent en état de conserver la Bohéme à l'Empereur.

Page 46. L. 1. *Le Cardinal de Richelieu* &c. Ce célébre ministre, recommandé à Louis XIII, par Marie de Médicis, la mére du Roi, fit honneur au discernement de cette Princesse, qui, malgré tous ses travers, eut une partie des talens qui distinguoient les Médicis. Les oppositions & les tracasseries perpétuelles, auxquelles fut exposé ce ministre, le rendireut le negociateur le plus fin, le plus délié & le plus ferme. Ayant triomphé de la reine mére & de tous ses ennemis, dans la journée des dupes, où s'étant présenté hardiment au Roi, qui avoit déja résolu son eloignement, il prévint sa perte, en suivant le conseil du Cardinal de la Valette son ami. Tant d'exécutions sanglantes, qui se firent sous son ministère découvrirent le fond du caractére de ce Ministre, qui, obligé de ménager un Prince ombrageux, & environné d'envieux & d'ennemis clandestins, n'eut pas la clémence, la magnanimité, l'assurance & la grandeur d'ame d'un héros. Le Cardinal Mazarin, créature & successeur de Richelieu recueillit les fruits des mésures vigoureuses qui avoient été prises, par son prédécesseur, & non seulement le traité de Westphalie, mais le regne de Louis XIV, & une partie du regne de Louis XV furent les résultats des opérations de ce grand homme d'état.

Pag. 47. L. 11. *Les Princes.* Ce fut le Duc Bernard de Saxe Weymar, qui, après avoir emporté Brisac, & vaincu les Bavarois, avec l'assistance de son ami, le Duc de Rohan, blessé dangereusement à la bataille de Rheinfelden, établit une souveraineté, composée de l'Alsace, du Sundgau, du Brisgau & des quatre villes Forêtieres. Le Duc alla à Paris pour s'aboucher avec le Cardinal de Richelieu, mais il ne réussit pas dans sa négociation, à cause des prétentions qui furent affichées par le Prince Saxon, & parce

qu

que ce Prince n'eut aucun égard, pour le Capucin Joseph, qui étoit le confident du Cardinal. Ce Héros étant mort à la fleur de son âge, & sans avoir été marié, laissa une armée bien aguerrie de 20000 hommes, dont les officiers généraux & particuliérement le baron d'Erlach, gagnés par le Cardinal François, passérent au service de Louis XIII, & firent obtenir à Louis XIV l'Alsace & le Sundgau, en échange du Brisgow & des villes forêtiéres qui furent rendus à l'Empereur.

— L. 15. *Un chancelier Suédois* &c. Axel ou Alexandre Oxenstiern, le confident & l'ami de Gustave, eut la direction des affaires publiques en Allemagne. Cet homme distingué avoit l'esprit le plus étendu & la fermeté de son maître. Il fut dans la suite l'ame du conseil de régence en Suéde, & dirigea les affaires d'Allemagne jusqu'à la paix de Westphalie, dans laquelle il eut beaucoup d'influence.

— *On vit un Général* &c. Ce fut Bannier que l'Empereur avoit voulu gagner, par la collation d'un duché de Silésie, la qualité de Prince de l'Empire, jointe à de grands revenus. Bannier étoit encore jeune, marié, sensible à la gloire & pas riche. Il refusa cependant ces conditions avantageuses, & mourut, sans avoir obtenu les distinctions & les récompenses que la reine Christine accorda à Torstenson, successeur de Bannier, qui fut fait comte, & obtint un revenu de 10000 écus.

— *Un boulet de canon* &c. Ce fut le général Mercy, le même qui avoit surpris & défait Turenne près de Mariendahl. Un autre Mercy, pas moins vaillant que celui de Nordlingue, eut le même sort dans la bataille de Parme en 1734, & sa mort fit perdre aux impériaux la victoire qu'ils croyoient déja avoir remportée.

Pag. 48. L. 5. *La surprise* &c. Ce fut le Prince Charles Gustave, cousin germain de la reine Christine, & destiné au trône, qui fit cette expédition avec le Comte de Königsmark. Le petit côté de la ville de Prague où il y avoit les palais les plus somptueux des seigneurs Bohémes, ayant été emporté, ce succés des Protestans allarma tellement l'Empereur Ferdinand III, qu'il se hâta de conclure la paix de Westphalie.

Pag.

Pag. 51, vers la fin. *Dans le Congrès &c.* Chaque souverain, intéressé dans ces négociations, n'y envoya pas seulement des ambassadeurs propres à figurer, tels que furent le Duc de Longueville & le Comte de Pegnaranda, de la part des François & des Espagnols, mais les deux villes, destinées à être les centres des négociations, pour l'intérêt des Catholiques & pour celui des Protestans, furent encore remplies, des plus habiles politiques, tels que furent d'Avaux & Servien, pour l'intérêt de Louis XIV, Bruyns, Francomtois, au nom du Roi Catholique, le Comte de Trautmannsdorf & le Docteur Wolmar pour l'Empereur, Benoit Oxenstiern, & Adler Salvius pour la Suéde. Ce qui rendit les négotiations plus longues & plus difficultueuses fut, que les ambassadeurs François & Suédois ne furent pas toujours d'accord, & que chaque ambassade étoit composée de personnes dont les instructions sécrétes différoient beaucoup. Tandis que le Comte d'Avaux obtint ses dépêches du cabinet, Servien étant l'homme du Cardinal Mazarin, entretint une correspondance particuliére avec le premier ministre françois. La même contrariété eut lieu dans l'Ambassade Suédoise, où Benoit Oxenstiern fut dirigé, par le sénat & le parti du grand chancelier, son pére, au lieu qu' Adler Salvius fut le confident de la reine Christine, qui n'aimoit pas les Oxenstiern, & qui se plaisoit à les contrecarrer.

Pag. 52. L. 9. *Malgré tout &c.* Il y eut tant d'intérêts différens & opposés dans ce fameux congrés, que chaque puissance contractante ne put pas avoir des vues uniformes. Pour complaire aux Espagnols, l'Empereur devoit entrer dans les vues de Philippe IV, Roi d'Espagne, qui tendoient à détacher les Hollandois de l'Alliance françoise, ce qui ne s'accorda pas avec les desseins des autres parties contractantes. Ferdinand III, qui avoit besoin de conclure la paix, eut des ménagemens infinis à garder avec ses alliés catholiques, pour ne pas s'attirer les plus violens reproches. L'Espagne voulant continuer la guerre avec la France, ne fut gueres contente de la paix de Westphalie, qui privoit Philippe IV de l'assistance de l'Empereur. La France faisant ombrage à la Suéde, & l'accroissement de la

puissance

puissance Suédoise, & des protestans d'Allemagne n'étant pas entiérement du goût des François, il fallut tenter mille voyes conciliatrices, avant que l'on pût contenter tous les partis, & particuliérement les Suédois, dont l'intérêt ne s'accordoit pas avec celui de plusieurs Princes Protestans, tels que le Grand Électeur, les Ducs de Mecklenbourg & quelques autres, qui ne retiroient pas de cette pacification tout le fruit qu'ils en avoient espéré. Ajoutons enfin, qu'il ne s'agissoit pas seulement de la pacification Germanique, mais d'un nouveau plan politique, & confédératif des états d'Allemagne, où l'intérêt de l'Empereur & celui des états germaniques n'étoit pas le même.

Pag. 53. L. I. Il y eut 80000 hommes, à la solde des Suédois, qui, repartis en diverses provinces, ne voulurent pas quitter le sol germanique qu'après avoir touché leurs arrérages, & reçu une satisfaction complette. Ce qui fit traîner l'exécution des articles militaires jusqu'à l'an 1650, où tout fut enfin réglé à Nurnberg.

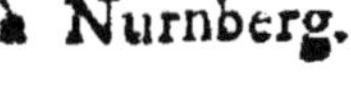

www.ingramcontent.com/pod-product-compliance
Ingram Content Group UK Ltd.
Pitfield, Milton Keynes, MK11 3LW, UK
UKHW021117260726
13994UKWH00002B/922

9 782329 362298